Santa C
AF404870
YTh
3641

Santa Chiara.

(Sainte Claire)

Grand-Opéra en trois actes,

Musique de

S. A. R. M.gr le Duc Régnant

Ernest II de Saxe Cobourg-Gotha

et

Paroles Françaises

Traduites en mixtées de l'allemand de
M.me Birch-Peiffer par
Gustave Oppelt.

Bruxelles 1854.

Imprimerie-Lythographie et Autographie de Petrie-Touison,
15, Rue des Dominicains.

Yth
3641

Divisions de l'ouvrage.

Premier acte. — L'Ange des Montagnes
Second acte. — l'Office des Morts
Troisième acte. — l'Expiation.

Distribution.

Personnages.   Emplois.

Alexis, Czarowitz, Grand-Duc héritier de Russie.
Charlotte, sa femme.
Bérthe, sa confidente et son amie d'enfance.
François de St Orban   } Officiers au service de Russie.
Alphonse de Laborde
Aurélien, Docteur et confident d'Alexis.
Herbrau, ancien serviteur de Charlotte
L'Archimandrite de l'Église de l'Archange St Michel
Un chef de Sbires napolitains

Seigneurs et dames de la Cour de Russie, Gardes,
Russes, Popes, Prieurs, Serviteurs, Valets et Pages,
— Sbires et Seigneurs napolitains, hommes et femmes
du peuple des environs de Naples, Sbires, etc.

L'action a lieu en 1715 sous le règne de Pierre le Grand. Les deux
premiers actes se passent à Moscou, et le troisième acte aux
environs de Naples.

1er Tableau: Le Palais des Menus-Plaisirs. — 2e Tableau: l'Église
de l'Archange Michel. — 3e Tableau: Le Château de St Elme.

Santa Chiara.

Acte 1.

L'ange des Montagnes.

Le Théâtre représente une magnifique Salle dans le Palais du Kremlin — Le fond en rotonde est fermé par des rideaux en damas relevés sur les côtés de manière à donner jour sur une riche galerie dont la porte du milieu sert d'entrée principale — Portes à droite et à gauche — Au premier plan, des deux côtés, des divans et des tables de marbre montées sur des pieds sculptés et dorés, et sur lesquelles se trouvent des vases garnis de fleurs — Riche ameublement en velours cramoisi, et or — Fauteuils, Sièges, etc — La scène est éclairée par des lustres — Tout annonce les préparatifs d'une fête splendide.

Au lever du rideau, Alphonse, en grand uniforme d'officier russe, se trouve sur le devant de la scène à droite et reçoit les seigneurs et dames de la Cour qui entrent par le fond.

Scène 1.

Alphonse de Laborde. Seigneurs et Dames —.

Chœur (N° 1)

Dans ce palais, nous venons rendre hommage
A la Princesse, idole de nos cœurs !
Notre avenir en son constant ouvrage,
Et de nos yeux sa main sèche les pleurs.
Dès ce matin, auprès de Son Altesse

1

Pour accourir exprimer tous nos vœux!
S'en nous disait que pour votre maîtresse
On redoutait un Destin malheureux?

Alphonse, gracieusement mais avec
quelqu'embarras.

Rassurez-vous; car tout va vous sourire.
Son Altesse à la fête assistera,
Et vos souhaits que ce beau jour inspire,
Avec bonheur elle les recevra

Chœur.

Pour la fleur aimée,
Aux tendres couleurs;
Brillante, embaumée,
La Reine des Fleurs!
C'est l'Ange qu'on rêve,
Le cœur le plus pur;
L'Astre qui se lève
Dans un Ciel d'azur!

(Le Chœur reconduit par Alphonse se retire lentement et
sort par le fond.— Après la sortie du Chœur Victor entre
par l'une des portes latérales de la galerie; un valet
l'introduit. Il est aussi en grand uniforme).

Scène 2.

Victor de St Auban. Alphonse.

Récitatif en Duo (N° 2).

Alphonse, (se retournant et avec courtoisie).

La Princesse ne peut vous donner audience.

Victor, (le reconnaissant)

Alphonse... toi!...

Alphonse, (se jetant dans ses bras).

Ciel!... Victor... Sur mon cœur!...

Victor.
— Te retrouver, me rend à l'espérance...
Dans ce palais, un ami!... quel bonheur!...
Parle, quel est ton grade, ta fortune?...
          Alphonse.
Simple étranger, rien que la loi commune...
Loyal soldat, par mes chefs estimé,
Quand l'Empereur me nomma capitaine,
Je résolus de briser cette chaîne;
Mais je reparus; j'aime et je suis aimé!...
Berthe, Dame d'honneur de la jeune princesse,
Au Berthe m'aime et m'a promis sa main!
          (Regardant les insignes de son grade)
Et toi, mon supérieur, par le rang, la noblesse;
Raconte moi tes amours, ton destin?
          Victor.
J'ai voulu parvenir rien que par mon épée;
Que faisait le vain éclat d'une gloire usurpée.
Dans l'Archipel d'Ostland portant mon étendard;
La Suède dompté il fallait courber la tête,
O la route du Czar j'affrontai la tempête
Et protégeai Scandria à l'assaut des remparts!
          Alphonse, (lui serrant la main).
Qui nous eut dit quand nous quittions la France
Que nous pourrions en ces lieux nous revoir;
Car tous les Deux, en proie à la souffrance,
Nous n'avions plus que la mort pour espoir!
Ainsi que toi, bien loin de ma patrie
Dans mon orgueil je plaçai mon appui!
          Victor.
Ah! noble ami, le fanal de ta vie

Dieu pouvait éclairer son aveugle destin !
Fleurir pour mon cœur que de sombres présages.
Je suis au Ciel tel oiseau abattu !
...cieux rayons ne perce ses nuages.....
Jours de bonheur, je ne vous verrai plus !

Alphonse.

Ces profondeurs et vers jaillir de l'âme humaine ;
Nul œil mortel ne les pénètrera...
Quand sur mon front l'étoile se promène
Qui sait la couche où Dieu l'exilera.

Victor.

Le calme a fui, mon âme est déchirée...
Mon seul amour n'est plus qu'un souvenir !
J'aime en secret ce qu'il faut que j'oublie
Et cet amour avec moi soit mourir !

Alphonse.

Regrets et larmes,
Échos du cœur,
Semant leurs charmes
Sur la Coutume !
Quand vient la peine,
Chaste trésor
Il se déchaîne
En perles d'or !
La coupe d'Ambroisie
Peut avoir quelque fiel
Si l'amour l'a remplie
Épuisons en le miel !

Victor.

Regrets et larmes
Échos du cœur,

Sèment leurs charmes
Sur la verdure !
Quand vient la peine,
Chaste trésor
Il se déchaîne
En perles d'or !
La coupe d'ambroisie
Peut avoir quelque fiel,
Si l'amour l'a remplie,
Épuisons-en le miel.
(Récitatif)
Alphonse.
Mais quel dessein en ce séjour l'appelle !
Victor.
De Bayonne la bonté paternelle,
Pour apporter ses vœux à cette Cour,
A désigné son serviteur fidèle,
Je viens remplir ses ordres en ce jour !
Alphonse.
C'est rehausser l'éclat par cet anniversaire.
Victor.
Je pourrai voir cet ange qu'on révère,
Cette princesse au grand et noble cœur.
Pendant trois ans j'ai appris ... à la guerre,
Et maintenant j'ai rêvé cet honneur.
Tout le pays l'honore et la révère...
Alphonse, (le reprenant à part).
Tout le pays déplore son malheur.
Victor.
Ce que l'on dit du sort de la princesse !..
Alphonse. (l'interrompant).

N'est que trop vrai. Soumise sans cesse,
Elle succombe a force d'abandon ;
De son époux excusant la faiblesse,
A chaque offense elle accorde un pardon ;
Mais pour combler sa peine sa détresse,
D'une rivale il souille sa maison.

Récitatif et Air (N° 3)

Victor.

Tais-toi, tais-toi... Ce récit m'exaspère...
Bourgeois ami, ne tiens point au fourreau !
Adieu, je pars ! Je crains que ma colère
M'aille arracher la victime ou bourreau !

Alphonse, (l'arrêtant)   (fausse sortie)

En partant en me faisant mystère,
De cet amour qui cause ta douleur

Victor

Non ; sans témoin, j'épancherai mon cœur.

.   .   .   .

(Tous les deux reviennent sur le devant de la scène).
Je dirigeai mes pas vers l'Allemagne
Quand je fuyais le foyer paternel.
Là, sans le Hartz, au sein de la montagne
Dieu prononça son arrêt solennel !
Le bois était silencieux et sombre
L'air plein d'encens les fleurs ivres d'amour
Et chaque pas se dressait comme une ombre
Le souvenir de mes soucis d'un jour !...
Rêvant ainsi j'errais à l'aventure
Lorsqu'à travers les massifs, les buissons,
Les voix ardentes d'une voix chaste et pure
Frappant l'écho s'enivraient — chansons.

Ému, troublé, j'écarte le feuillage
Et j'aperçois un ange radieux
Sous la ramure, sous la splendide image
Avaient l'éclat de l'étoile des cieux !
Dans ses beaux yeux, frais miroir de son âme,
Dont de longs cils ombrageaient la langueur
Comme un éclair, brille une ardente flamme
Qui tout-à-coup, vient embraser mon cœur...
A ses côtés sa jeune et belle amie,
Cœur d'ange aussi, murmure un tendre chant ;
Voix d'une lyre éclose du génie
Hymne divin qu'on écoute en rêvant...

Romance.

Ses [illegible] sont murmurés...
L'amie sans borner
S'efface dans la nuit !
La brise agite le feuillage,
Le passereau gagne son nid ;
Et le rocher, loin du rivage,
Invoque Dieu qui le conduit !
Nous t'implorons dans nos prières,
Pilote aux îles d'ici-bas,
De la Fontaine des Sorcières
Le Spectre étend vers nous les bras...
Ainsi, Fantôme des Bruyères,
Dit-il, — qui me suis ne s'éguen pas !...

(Charlotte a entendu ces derniers mots. Elle est pâle
et a l'air souffrant. Elle entre précipitamment par
la droite, suivie de Berthe.

Scène 3.

Les mêmes. Charlotte. Berthe.

Quatuor (N° 4)
Charlotte, (elle regarde Victor.)
Mon chant!... En repassant je doute....
Charlotte et Berthe.
C'est lui!. Bonheur que je redoute!..
J'ôte d'une vie à son déclin!...
Le souvenir, à l'âme s'écoute
Quand une généreuse main
Sema quelques fleurs sur la route,
Fleurs d'un beau jour sans lendemain.
Victor
Quelle! et pourtant mon cœur doute!
Bonheur que j'espérais en vain!
Le souvenir, etc.
Alphonse, (à part).
Qu'a-t-il? Ah! pour lui je redoute
L'erreur d'un espoir incertain!
Le souvenir, etc
Victor, (les yeux fixés sur Charlotte).
Parle, ô mon ange tutélaire
Alphonse, (bas à Victor).
C'est la Princesse.... Incline-toi!
Pauvre imprudent, crains sa colère!
Victor, (se soutenant à peine).
Que dit-on?.. Ciel! Que fait de moi
Charlotte, souriant avec bonté en
faisant quelques pas vers Victor.
C'était bien moi.... Sous la nuit étoilée
J'avais grand peur; car distraite, isolée,
Loin dans le Hurz, j'avais perdu mes pas,
(Désignant Berthe).

voici l'âme émue et désolée . . . .
Moi, je chantais ; elle priait tout bas !
Nous n'avons pas oublié le service,
Qu'à toutes deux votre bras a rendu :
Pour nous guider au bord du précipice,
A notre appel, vous avez répondu.
Tout vous nomme . . . Saint Auban !...

Victor, (tombant à ses pieds).

Noble Dame,

Que n'ai je pu mourir de cette flamme
Qui m'embrasa dans ce désert charmant !

Alphonse, (à part).

Ah ! mon ami, pour ton cœur quel tourment !
(Charlotte regarde Victor avec intérêt, sourit à Alphonse ;
puis cherchant à maîtriser soudain son émotion, elle fait
un signe impérieux à Victor et lui ordonne de se relever).

Charlotte

Mais, Chevalier, vous avez un message ?

Victor, (avec respect).

Je viens, Madame, au nom de l'Empereur,
Pour vous prier d'accepter son hommage,
Et les souhaits inspirés par son cœur.

Charlotte

Cet acte ajoute à ma reconnaissance,
Car grâce au Czar je pourrai m'acquitter
D'un doux tribut, d'une dette d'enfance,
Que dans le Harz mon cœur fait contracter.

(Elle lui donne sa main à baiser.).

Si mon pouvoir avait quelqu'influence,
Disposez-en, je veux vous imiter.
(Victor ne fait qu'effleurer la main qu'on lui présente ;

il s'incline profondément, et en proie à une vive émotion il
sort par le fond avec Alphonse.)

Scène 4.

Berthe.

Soudain quel trouble a pénétré mon âme...
Lui que jamais on n'a pu découvrir,
On le revoit ambassadeur.... Madame..

Charlotte.

C'est un sauveur que Dieu vient nous offrir.

Duo (N° 5)

Charlotte.

Hélas, sur la terre étrangère,
Un époux fait tous mes malheurs
Rien ne révèle le mystère
Où s'est allumée sa fureur !
Et l'espérance, ombre trop passagère,
En s'éloignant m'arrache bien des pleurs !

Berthe.

(Dissipez l'éternel orage
Qu'il a dans vos yeux excité.
Effacez jusqu'à son image
D'un cœur contre lui révolté.
Le Ciel ingrat affermit le courage ;
Abandonnez un trône redouté !

Charlotte.

Quoiqu'asservie au pouvoir d'un barbare
Jusqu'au devoir, tout est d'un vain secours.
Dans sa douleur où ma raison s'égare,
J'ai fait le vœu de le fuir pour toujours.
La fleur sur sa tige impuissante,
Prise dans un champ dérobé,

Sortiras ma force languissante.
Mon cœur reprend sa liberté !
(Mystérieusement.)
Apprends quelle est mon espérance ;
Bientôt pourra changer mon sort.....
A Brunswick pour ma délivrance
Herbeu tente un dernier effort
Il va d'un père implorer l'assistance :
De son enfant peut-on vouloir la mort !

Berthe.

Ne tremblez plus noble victime
Dieu guide le cœur paternel
Appui de celle qu'on opprime
Le Ciel entendra votre appel
L'humanité pour arrêter le crime
Viendra s'asseoir aux marches de l'autel

Charlotte.

Sortiras l'espoir de la victime
Mon malheur sera moins cruel
Appui de celle qu'on opprime
Le Ciel entendra mon appel
L'humanité pour arrêter le crime
Viendra s'asseoir aux marches de l'autel

Ensemble.

Berthe.

Ne tremblez plus, ect.

Charlotte.

Sortiras l'espoir, etc.

(Après le Duo ils sortent toutes les deux par la droite.)

Scène 5.

Herbeu. Aurélina.

(Ils entrent par le fond. Herbert est en costume de voyage, et Aurélien en costume d'Arménien.)

Herbert (regardant autour de lui avec inquiétude).

Puis-je parler sans feinte?...

Aurélien (de même).

Viens-tu sauver notre maîtresse?...

Herbert (avec tristesse).

Non!

Aurélien

Je l'ai prévu... C'était ma seule crainte...
Le désespoir couronne l'abandon!...
Ainsi l'infâme abandonnerait sa rage,
Bravant ses pleurs et l'accablant d'outrage...
Pauvre princesse?... Non... Dévorant ses coups,
Je verrai confondre en pleurs ses époux.
J'avais un fils, il fut sauvé par elle,
Car il a dû sa gloire à sa faveur;
Pour la servir, Dieu soutiendra mon zèle,
Dût mon trépas venger son déshonneur!

Herbert

Par quel moyen?... En connais ma prudence...

Aurélien

Plus tard tu le sauras... Ou sinon... Silence!
J'atteste, car tout serait perdu... Crois-moi

(Herbert va pour sortir, mais à ce moment la porte de
droite s'ouvre et Charlotte et Berthe paraissent sur le seuil.)

Scène 6.

Les mêmes. Charlotte. Berthe.

(Scène et Quintette N° 6)

Berthe (avec surprise).

Juste Ciel! Ah! que vois-je

Charlotte, (allant à Herbert).

Herbert ! Eh quoi !...
Un mal secret me brûle et me dévore...
Puis-je espérer ?... Faut-il souffrir encore ?

Herbert (s'inclinant).

Vous allez tout savoir.

Charlotte et Berthe, (à part).

Je meurs d'effroi !

Herbert.

On vous observe, on vous épie...
La suite peut coûter ta vie...
De vous sauver je perds l'espoir
Si le Prince vous abandonne,
D'autre part l'Empereur ordonne
Que vous remplissiez le devoir !
« Puis-je, a-t-il dit, lorsque l'amour les dompte
Sacrifier mon peuple à leur amour ! »

Charlotte (avec résignation).

J'obéirai ; mais la mort sera prompte,
Pour me conduire au céleste séjour !

Scène J.

Les mêmes. Alexis. Aurélius. Alphonse.

(Alexis entre par la porte du fond, qu'Alphonse tient
entr'ouverte. Il est en brillant uniforme de Croatie.
Il est pâle, son air est sombre, son regard sévère. Charlotte
fait quelques pas vers Alexis et le salue. Alphonse
reste à l'entrée de la galerie ; il est inquiet et par
moments dissimule mal son impatience).

Alexis.

Toujours, Madame, ainsi que d'ordinaire,
Autour de vous une escorte étrangère,

Qu'aussi mes vaisseaux sollicitent revoir.

À Herbert.

Encore ici?... Moi, qui vous croyais loin!

On vous disait parti pour l'Allemagne!

À Berthe.

Et puis ici, la sensible compagne...

Unie avec l'autre enfin!... Comment de surprise...

À Charlotte.

Mais pourquoi ces larmes à mon aspect?

C'est leur funeste influence....

Charlotte, (suppliante).

Ah! mon maître!...

Alexis, (avec colère).

Assez! Dans chacun d'eux je vois un traître!

C'est de la crainte, et non pas de respect.

Depuis longtemps j'endure leur audace;

J'ai réprimé mes transports furieux.

Ma patience et s'épuise et se lasse:

L'ordre est formel, je les proscris tous deux!

Charlotte, (avec une douloureuse résignation).

Il ne me reste, hélas! sur cette terre

Que cet ami pour calmer ma misère!

Alexis, (jetant un regard farouche sur Berthe et sur Herbert).

Non, c'en est fait!...

Charlotte.

Oh! destin malheureux!

Berthe désespérée gagne le fond du théâtre. Herbert s'incline profondément devant Alexis, et va se placer près de la porte à gauche à côté d'Améline qui est resté au fond. – Pendant toute la scène qui va suivre Améline ne perd pas de vue Alexis, et échange de temps à autre des

signes d'intelligence avec Herbert, tout en feignant de
s'occuper des détails de la fête. — Alexis va pour sortir,
mais il revient sur ses pas et dit à Charlotte.

Alexis.

Si ces arrêts désespèrent de votre âme
Qu'il n'en soit rien. Mais je veux à montrer
Que désormais en qualité de Dame
Vous attachiez Euphrosine à la Cour

Charlotte (se cachant le visage).

Non jamais !

Alexis, (avec impatience).

C'est le prix de ma clémence.

Charlotte, (avec douleur).

Entre nous deux si l'amour prononcera
Mon cœur frémit de tant de violence,
Mais, contre vous, Dieu même s'armera.

Quinzième.

Charlotte.

La mort sur mes jours suspendue,
Est espérée, est attendue,
Cruel, mon sein s'offre à vos coups :
Frappez, montrez-vous mon époux.

Alexis.

La mort sur leurs jours suspendue,
Est espérée, est attendue !
La haine enflamme mon courroux !
Sous, ils tomberont sous mes coups.

Berthe, Alphonse. Amélina.

La mort sur ses jours suspendue
Est espérée, est attendue.
Mais pour l'arracher à ses coups

Dieu Juvança art heureux, de vivre.

(Après le quintette Brothe passe à droite — Herbert à
gauche; — et Alphonse va se placer à la porte du fond.)

Annelina, (à part).

J'accomplirai ce que le Ciel m'impose
Car ses faveurs ne soient point superflues.

(Sur un signe d'Alexis Annelina sort par la gauche,
agite une cloche, puis revient. La porte du milieu s'ouvre;
toute la Cour, les Seigneurs et les Dames entrent, et vont
se ranger des deux côtés du théâtre; une ligne de gardes
occupe le fond de la galerie.)

Scène 8.

Les mêmes, Seigneurs et Dames, le Ballet; Gardes, etc.

Alexis, (qui a conduit Charlotte vers le
Divan placé à droite.

doit vous fêter, ici tout se dispose. . . .
Mon cœur se tait, qu'exigez-vous de plus!...

Final (N°7)

(Lorsque Charlotte a pris place sur le divan, le Chœur
s'avance vers elle et lui adresse ses félicitations = Alexis
va prendre place à gauche au premier plan = Annelina
fait mystérieusement un signe à Herbert qui va le rejoindre
aussitôt; tous les deux restent posés, de la porte à droite,
mais peu après Herbert passe de l'autre côté de la
scène, de manière à ne pas être aperçu par Alexis.)

Danse.

(Le Ballet entre par le fond. Les danseurs et danseuses
exécutent des Pas de caractère avec tambourins et cymbales,
et accompagnés par le Chœur.)

Chœur.

Par votre auguste clémence,

Autour de la royauté,
Tous rattiez l'espérance,
L'amour et la majesté.
Tout un peuple à vous se donne,
Soumis à vos sages lois,
Il veille sur la couronne
Qui fait respecter ses droits.
          Alexis, (bas à Amélina).
Tout est-il prêt pour servir ma vengeance?
          Amélina, (de même).
J'ai dû remplir vos ordres souverains.
          Alexis, (même jeu).
Ta tête me répond de ton silence.
          Amélina, (même jeu).
Oui, Monseigneur, ma vie est en vos mains...
          Alexis, (même jeu.)
Ta tête me répond de ton silence!
          Amélina, (à part.)
Puisse le Ciel seconder nos desseins
(Il sort par la gauche où se trouve Herbert, lui saisit
la main et l'entraine avec lui).

Scène 9.

Les mêmes, excepté Amélina et Herbert.
          Alexis (à part).
Malheur à ce pouvoir barbare
Qui de ma main vient disposer,
Ces nœuds qu'au sein le cœur sépare
La mort seule doit les briser
(Haut à un serviteur qui se trouve à l'entrée de la galerie).
Servez le vin d'honneur à la noble assemblée
(Ce serviteur sort du même côté qu'Amélina.

Des tables sont aussitôt dressées — Les pages remplissent
les coupes qui sont distribuées à tous les assistants).
                Alexis (à Charlotte, en souriant).
L'étiquette ne peut être exilée
Donc c'est à vous, princesse, que je bois!
                Chœur, (à charlotte).
En vous, nos hymnes d'allégresse
Célèbrent la fille des rois.
Pour vous bénir chère maîtresse
Nos cœurs ont tous la même voix!
(Pendant le Chœur Aurélien se montre à la porte de
gauche. Il échange un coup-d'œil rapide avec Alexis — A ce
moment deux serviteurs entrent portant chacun une coupe
sur un coussin; l'une est en or, l'autre en argent — On présente
la coupe d'or à Charlotte; — Alexis prend rapidement l'autre
coupe après avoir échangé un nouveau regard avec Aurélien).
                Charlotte.
Messieurs, à votre bonheur!...
(Elle ne fait qu'effleurer la coupe et la dépose ensuite sur
le plateau).

                Alexis, (à part).
                        Elle hésite....

                (au chœur.)
A minuit, Messieurs, je vous invite!
                Chœur.
Au Prince, à notre protecteur;
A ses vœux, à sa grandeur.
                Alexis, (à Charlotte avec aigreur).
Répondez-vous aux vœux que je partage?
                Charlotte, (soupirant).
Je ne veux point déroger à l'usage,

Et je défère au vœu d'un époux.

Alexis, (bas à Charlotte).

Adieu Euphrosine.... Enfin, l'admettez-vous ?...

Charlotte, (avec dignité).

À cet esprit, mes amis qu'un ordre exile,

Oseriez-vous de les persécuter ?...

Alexis, (d'un air sinistre).

J'en fais serment et tu promets asile

Charlotte, (lisant).

À vous alors !

Alexis, (à part)

Je vais donc longtemps !...

Charlotte, (à part et avec inquiétude.)

Soudain quel froid me saisit et me glace...

Est-ce la mort qui de ses bras m'enlace !...

Alexis (regardant Charlotte dit au Chœur).

Messieurs, vidons la coupe du plaisir !

(Sur un signe d'Alexis tous les invités sortent pour la
galerie les uns se dispersent dans les salons, les autres se
promènent dans la galerie. Alexis reste seul sur le devant
de la scène auprès de Charlotte; il est en proie à une vive inquiétude).

Charlotte, (saisie d'une pénible pensée).

Dans son regard se trahit la menace
Son cœur déborde et sa main fait mourir !

Air.

On est fait au malheur en butte;
Le cruel devait m'immoler...
Hélas ! pour courir à ma chute,
Son joug a-t-il pu m'accabler !
[...] puis-je la craindre,
Si le Ciel me prête un appui ?

Si elle me … veux l'étreindre…
Dieu veut que j'expire pour lui !
Je veux revoir ma dernière heure,
Toi triomphes — ta cruauté
Qu'un secret remords te demeure
Ton juge est la postérité
Et ma fin que l'amitié pleure
Rend à mon cœur la liberté.
Et pourtant la femme qui tombe,
Te pardonne et te tend les bras,
Car c'est par toi que je succombe :
Toi me sauves par le trépas.
Si sa main a creusé ma tombe,
Mon Dieu ne le punissez pas.
(Elle tombe évanouie sur le divan.)

    Alexis (avec un mélange particulière et de trouble à part).
Il est trop tard, la mort en fait tôt part.
    (Il sort par le fond).

Scène 10.

    Les mêmes, excepté Alexis.
    Berthe, (accourant).
Qu'arrive-t-il ?… Quelle Princesse !…
    (apercevant Charlotte).
À moi !… Secourez Son Altesse !…
    (Elle tombe à genoux près de Charlotte).
    Amélina.
Le trépas était son espoir…
Soumettez-vous au sort barbare…
Dieu vous unit, Dieu vous sépare…

   .   .   .   .

   .   .   .   .

(Avec mystère.)
Sachez tout entendre et tout voir !
(Au chœur qui entre.)
Tenez, remplir un douloureux devoir.
Chœur.
Seigneur, que tes lois sont cruelles !
Qui peut s'opposer à ton courroux ;
L'amour l'emporte sur ses ailes ;
Le deuil se répand sur nous tous.

(A ce moment Charlotte ouvre les yeux.)
Mais non... Point de terreurs mortelles !
Non !... Elle revient parmi nous.
(Charlotte revient insensiblement à elle et se lève soutenue
par Berthe. Son regard étincelle, elle éprouve une sorte (de délire).
Charlotte.
Il s'est éteint cet affreux rêve...
Éloignez la coupe de feu !...
Le faible roseau se relève,
Pour s'élancer au sein de Dieu.
Que de fois à l'aspect du trône
J'ai regretté le Ciel natal !
Mon front dédaignait la couronne,
Je redoutais son poids fatal !
Là bas que la terre était belle...
L'aurore sourie avant des faveurs ...
Et le printemps toujours fidèle,
Faisais éclore mille fleurs.
Là bas une voix éternelle
Répétais aux jours de douleurs :
(L'orchestre rappelle la romance du commencement (e l' q...)).

En disant ces derniers mots elle s'affaiblit par
degrés, et elle s'éteint dans les bras de Berthe et
de ses dames — Tout le monde l'entoure. Consternation
générale. — Tableau

Fin du 1er Acte.

Santa Chiara.

Acte 2.
L'Office des Morts.

Le théâtre représente l'intérieur de l'Eglise de
l'Archange-Michel dans l'enceinte du Kremlin, à Moscou.
L'Eglise est disposée en chapelle ardente. Le fond de la nef est
en rotonde et se termine par une galerie soutenue tout autour
par des Cariatides. Les issues de cette galerie sont fermées par
des draperies noires parsemées de larmes et garnies de franges
d'argent — La partie supérieure de la nef est une colonnade ornée
d'écussons aux armes des différents gouvernements de la Russie,
de trophées et de statues de Saints — Au milieu de la nef un riche
catafalque entouré de flix candelabres. Au premier plan un
rideau noir brodé d'argent traverse la scène dans toute sa largeur.
Au second plan à gauche un autel surmonté de l'image de
l'Archange Michel. Çà et là des mausolées indiquant la
sépulture des souverains de la Russie — Entrées à droite
et à gauche. — Des lampes sépulcrales suspendues aux voûtes
répandent une lumière douteuse sur toute la scène.

Au lever du rideau Alphonse est sur le devant de la
scène, plongé dans ses réflexions. On entend le Chœur des
prêtres dans la coulisse. Le rideau du premier plan est baissé de
manière à cacher tout le fond du théâtre.

Scène 1.
Alphonse puis Berthe.
Chœur. dans la coulisse (N° 8)

Alphonse.

Je te suivrai, ton amour c'est ma vie.

Berthe, (avec fermeté).

L'honneur, le devoir, s'opposent à ce vœu.

Cavatine (N° 9)

Cet amour, bonheur de nos deux âmes,
N'étais... [illegible] ... à ... jour !
C'était un rêve qui ici nous vint charmer,
Car tous s'unit pour rompre notre amour.

Ma pauvre amie allait toucher la rive,
Lorsqu'elle a vu le port s'évanouir
Faut-il, hélas ! périr quand on arrive !
Faut-il comme elle espérer et mourir !

Pardonne-moi ma tristesse profonde,
Car ton amour est ma suprême foi.
Si je renonce aux lieux de ce monde,
Toujours mon cœur se souvien[t] de toi
Adieu ! le Ciel vient réglorez mon aurore !...
Adieu ! Berthe ne t'oubliera pas.
(Elle se cache le visage dans les mains et sort par la gauche).

Alphonse, (voulant la retenir).

Non... reste !... Par pitié, demeure encore !

. . . .

(avec impatience).

Et le devoir enchaîne ici mes pas !

Scène 2.

Victor. Alphonse.

(Victor entre par la droite).

Alphonse.

Ami, la mort achève son ouvrage,
Éloigne-toi de ce séjour de deuil !

Grâce à toi, Dieu puissant,
La pauvre enfant
Peut enfin se reposer de ses peines.
Tu la délivres de ses maux;
De ses douleurs, de tous chagrins nouveaux,
De ses ennuis et de ses chaînes
Elle est aux Cieux,
Son sort est glorieux!

            Alphonse.

Ils prient et le Ciel pour calmer leurs Souffrances,
Fait descendre sur eux la paisible espérance,
Guéris de la mort elle subit la loi!...

. . . .

(Berthe, en habits de deuil, pâle et défaite, entre par le fond en
écartant les rideaux, mais de manière à ne pas laisser voir
l'intérieur de la chapelle ardente.)

Ah! Berthe... ma Berthe, c'est bien toi!

            Berthe (effrayée d'abord, puis reconnaissant Alphonse).

Ami, mon cœur se brise!

            Alphonse.

                    Eh bien! ici demeure;
Où la prière a droit de protéger.
L'Ange envolé ne veut pas qu'on le pleure;
Chacun de nous s'en rapproche à toute heure;
N'ayant au monde un tribut passager;
L'ouragan court, et la fleur est flétrie!...

            Berthe.

À ma sœur, à ma sincère amie,
Permets que je fasse un dernier adieu!
Puis, je retourne au sein de ma patrie;
Et, pour jamais, j'abandonne ce lieu.

Victor, (avec une profonde douleur).

Oh! non je veux contempler son visage
Auguste ... là, ... son cercueil!
Un tel tableau raffermit le courage...
Laisse-moi seul, et veille sur le seuil!

(Alphonse demeure un moment indécis, mais cédant aux instances de Victor il soulève les rideaux du premier plan et sort.)

Seulement à ce moment le spectateur peut voir l'intérieur de la chapelle ardente ainsi qu'elle est décrite au commencement de l'acte. Charlotte est couchée sur un somptueux sarcophage; un linceul de satin blanc garni d'argent la couvre jusqu'à la poitrine; son manteau de princesse pourpre et ce bordé d'hermine retombe des deux côtés du corps. Le visage de Charlotte est découvert. Sur un piédestal une couronne impériale est placée sur un coussin.)

Scène 3.

Victor, (seul)

(Aussitôt après la sortie d'Alphonse, il s'élance vers le catafalque, jette un cri de douleur, contemple le visage de Charlotte, puis revient sur le devant de la scène).

Air. (N° 10)

Le voilà ce funèbre asile!
Charlotte, recueille mes pleurs!
Dieu, loin de ce monde stérile,
Te montre son domaine en fleurs.
Tu n'as point bravé sa colère!...
De ce pasteur, douce brebis,
En couvrant d'un jour doux sincère
Ceux qui méritaient son mépris...

(Comme s'il était attiré par une puissance magique il se rapproche de nouveau du catafalque).

Enfin ma sainte providence.

Ton amour, céleste rayon,
Vint soudain de mon existence
Percer la sombre région !
Te fallait-il cette couronne
Pour m'en priver qu'un tombeau ;
Et dans l'éclat qui t'environne
Me voir qu'un désastre nouveau ?

(Il s'incline devant Charlotte, baisse son menton et se relève)

Mort, ta faux n'aura point d'empire !...
Arrête ton essor cruel !...
L'Ange qui sur la terre expire,
Renaît sur le trône éternel !!

(Il étend une main sur Charlotte et lève l'autre comme pour
faire un serment)

Toi, d'un époux le martyr, la victime,
Point de regrets ! plus de pleurs, plus d'adieu !
Si ce tyran t'entraîne vers l'abîme,
Pour te venger, je demeure en ce lieu.
Je jure ici de réparer le crime...
Mon âme alors remontera vers Dieu !

Scène 4.

Alphonse, Victor, puis Alexis, Amélina et des Chevaliers.
(Final No 11)

Alphonse (entrant avec précipitation).
Voici le Prince... Partez !

Victor (impassible).
Ouvre ta porte...

(Alphonse qui a refermé les rideaux du premier plan répète
d'une voix suppliante. Partez).

Victor (montrant le catafalque).
Soit ! mais si j'y consens c'est pour l'ange qui dort !

(Il sort par la gauche).

Chœur.
Il vient! Rien ne le déconcerte...
Il semble se rire du Sort,
Sans craindre que Dieu ne déserte
La maison où règne la mort!
(Après ce Chœur, Alexis en costume de deuil entre par
l'arrière; Dirrétins est à ses côtés; la suite d'Alexis se range au fond).

Quatuor
Alexis (jetant un regard méprisant sur Auréline)
Les foudres du Ciel que j'offense,
Sur moi viennent se réunir!
Partout le remords, la souffrance
Me font redouter l'avenir
Contenons-nous en leur présence
Mon effroi pourrait me trahir.

Auréline
Les foudres du Ciel qu'il offense,
Sur lui viendront se réunir.
Partout le remords, la vengeance
De terreur le feront frémir.

Alphonse et Victor (se tenant en arrière).
Sur lui le trait de ma vengeance
S'attachera pour le flétrir!
Sa victime rire et s'élance...
Son forfait, je veux le punir!...

Alexis (au chœur).
Elle a fui; elle court la mort dispose,
Comme un torrent dans son cours emporté!
(Alexis fait un signe à Alphonse, les rideaux s'ouvrant)
Chœur de femmes, (dans la coulisse).

Dieu, qui sur son sein elle repose,
            Pour l'éternité

                Amélina, (bas à Alexis).
Prince, je crains que l'enfer se déchaîne,
On voit la joie éclater dans vos yeux.

                Alexis, (avec fierté).
Amis !... Il fallait briser cette chaîne
Qui de son poids nous écrasait tous deux !

                Chœur de femmes, (dans la coulisse).
(Des anges la tendre lyre,
Chante son règne nouveau.

                Amélina, (regardant Charlotte avec effroi).
Éloignez-vous ; car l'épouse martyre
À votre aspect frémit dans le tombeau.

                Alexis.
(Il s'incline... prie... se relève... reste ensuite se dirigeant vers le catafalque).
Mon sang se glace...
Le Ciel menaça,
Et frappe un criminel !...
Mon cœur coupable,
Que tout accable,
Sous le frisson mortel !
Sur ma paupière
S'étend, austère,
Une éternelle nuit
Une âme en peine
Ici m'entraîne
Et partout me poursuit

                Chœur, (à mi-voix).
Son sang se glace,
Le Ciel menace,

Et frappe un criminel !
Son cœur coupable
Que tout accable
Sent le frisson mortel !
Victor. Alphonse. Annelina.
Son sang se glace
Le Ciel murmure
Et frappe un criminel !
Son cœur coupable
Que tout accable
Sent le frisson mortel !
Sur sa paupière,
S'étend, austère,
Une éternelle nuit !
Son âme en peine,
Ici l'entraîne !
Le remords le poursuit !...

(Après ce Quatuor Alphonse appelle Victor et l'engage à s'éloigner. Victor sort en menaçant Oscar. — Celui-ci après avoir de nouveau regardé Charlotte se met à genoux et se découvre. Tout le monde s'agenouille.)

Alexis
Prions pour celle qui repose
Et qui des Cieux était la sœur !
Chœur,
Prions, etc.
Alexis.
Chaque jour quelque sainte rose,
Parfume l'autel du Seigneur !

. . . .

(au moment où Oscar relève la tête, Charlotte étend la main droite

vers lui et la laisse ensuite tranquillement retomber. Alexis
recule épouvanté).

Spectre, tais-toi !...

(Le Chœur qui n'a pas vu le mouvement de Charlotte regarde
Alexis avec attention.)

Amélina, (à Alexis).
Qu'avez-vous ?...

Alexis, (saisissant le bras d'Amélina).
Je succombe !...

Son ombre en courroux s'attache à mes pas !
Je crois la voir abandonner sa tombe..
Oui, le fantôme tend vers moi les bras !

Amélina.
Prince, Voyez en elle votre juge
Et courbez-vous sous le glaive de Dieu !
(Le Chœur de femmes entre par la droite et se groupe devant l'autel.)
Priez.... Puisque la mort est ton refuge
Interdisez l'approche de ce lieu.

Alexis, (à Alphonse)
Laissez la mort régner en sa demeure,
Et j'aurai, sans m'en troubler, la paix !
Je veux, quand sonnera la douzième heure,
Que le cercueil soit scellé pour jamais !
Soyez, priez ! cette flamme agissante
Porte à l'amour de la divinité !..

(à Amélina)
Remplis mon ordre, et sa main défaillante
N'atteindra plus mon cœur épouvanté
(Il sort par la porte).

Amélina, (à part)
Sourd triomphe de son âme impuissante,

Un cœur pur et digne de lui!

L'Archimandrite et les assistans

Elle offre, etc.

L'Archimandrite.

Accorde lui l'immortelle couronne
Qu'à ses élus réserve le Sauveur!

Amen.

(Pendant ce Chœur, Aurélien a découvert la tête de Charlotte,
il lui a touché le poul, étudié la respiration, etc. Il est très inquiet
et se trouve à la gauche du catafalque. Soudain il regarde les groupes,
passe mystérieusement derrière le Catafalque, entrouvre une des draperies
qui masque l'entrée de droite de la galerie inférieure de la nef,
donne un signal, puis revient se placer à la droite du catafalque
et semble prier. — Tout reci se passe pendant la prière ci-dessous.

(Minuit sonne lentement. Entre chaque coup que frappe l'horloge
on entend un ou deux accords de l'orgue accompagné des voix des Popes.
— Au premier coup de minuit, l'Archimandrite, les Popes, les Prieurs
et toute l'assistance, s'agenouille, devant l'autel.)

Chœur Général.

Requiem aeternam dona eis Domine et lux
perpetua luceat eis cum sanctis tuis in aeternam,
quia pius es. Requiescant in pace. Amen!

(Durant le douzième coup voici la scène : — Au premier coup de
minuit Charlotte se ranime et semble sortir d'un rêve. Elle promène
autour d'elle un regard effrayé en présence de ce lugubre appareil.
— Aurélien va à elle, lui commande la prudence, va de nouveau à
l'entrée de la galerie de la nef, et fait signe à Herbert d'approcher.
Aurélien revient ensuite vers Charlotte et l'aide à descendre du
catafalque. — Charlotte est sur le point de tomber en défaillance,
mais cependant soutenue par Aurélien elle fait quelques pas
jusqu'à Herbert qui disparait avec elle par la galerie de la

Du Roi des Cieux j'implore la bonté!...

Scène 5.

Les mêmes excepté Alexis, puis l'Archimandrite, les Popes,
Prieurs, Seigneurs et Dames.

(Aurélien couvre le visage de Charlotte avec le manteau, et se tient près
du Catafalque.)

Chœur.

Qu'avec bonheur on la contemple,
Sainte de tant de majesté!
Du rédempteur suivant l'exemple,
Pour prix de son humilité,
Elle obtient au suprême temple
Les trésors de l'éternité!

(L'Archimandrite entre par la droite, suivi des Popes et
des Prieurs, tous vont à l'autel)

L'Archimandrite.

Réunissons-nous pour chanter les louanges
De l'Éternel qui la rappelle aux Cieux;
Qui l'admet dans l'élite de ses anges,
Pour publier ses exploits merveilleux!

(Le chœur vient vers l'avant-scène et sur un signe de l'Archimandrite
se met à genoux et regarde l'autel. Les Popes et les prieurs sont rangés
en cercle, les autres assistants sont placés derrière eux, tout le monde
tourne le dos au catafalque)

L'Archimandrite et les Popes.

Son âme, ici-bas sans refuge,
Seigneur n'a qu'à toi pour appui!

Le même et les Assistants

Son âme, etc.

L'Archimandrite et les Popes.

Elle offre à son souverain juge

nef. Amélium dont disposé le manteau de Charlotte de manière à ce
que rien ne laisse deviner la disparition de Charlotte en restant debout
et immobile à côté du catafalque lorsque le douzième coup
sonne et que les psaumes éclatent.)

            L' Archimandrite.

Voici l'heure, mes frères ! Hinnis sonne !
Accomplissez le vœu de Monseigneur !...
Trottez le cercueil ainsi qu'il l'ordonne.
Et que Dieu prenne en pitié le pécheur !

(Quatre d'opes montant les degrés du Catafalque, prennent
le massif couvercle du cercueil, couvercle qui se trouve placé à la
droite de l'autel et à un signe de l'Archimandrite ils le
déposent sur le cercueil, pendant que le Chœur toujours
agenouillé répète ce chœur :)

            Chœur.
            (Reprise)
            Son âme, etc.

        Fin du deuxième Acte.

Santa Chiara.

Acte 3.
L'Expiation.

Le Théâtre représente un vieux paysage aux environs du golfe de Naples — Au fond on aperçoit une partie du golfe qui s'étend au loin — A droite, au premier plan des collines garnies de vignes; au second plan des montagnes dominées par le Vésuve qui répand tout autour une teinte noirâtre. Les flancs de ces montagnes sont couverts de la plus belle verdure. Les collines indiquées ci-dessus sont praticables et par divers sentiers conduisent sur la scène — Devant-Soir et une partie du premier plan sont garnis d'orangers et d'oliviers A gauche, au premier plan un banc de pierre ombragé par des arbres — Au second plan le Château de St. Elme, dont le perron est soutenu par des pilastres autour desquels montent des vignes La partie supérieure du perron est ornée de fleurs et forme une galerie couverte communiquant avec les appartements du Château par une porte placée au milieu. Aux deux ailes de la galerie des escaliers font correspondre la galerie avec le perron. Sur le perron une table de marbre et un banc — Au fond à gauche un grand bloc de marbre qui se prolonge d'un côté jusqu'au golfe et de l'autre côté se perd dans la coulisse.

Au lever du rideau des vignerons travaillent aux vignes; cette partie du tableau représente l'aspect animé des vendanges. — Au loin sur le golfe des pêcheurs montent leur nacelle et arrangent leurs filets — Sur la montagne et sur le bloc se tient des jeunes garçons et des jeunes filles portant des paniers remplis de poisson... Au pied de la colline, des enfants sont étendus; les uns dorment, les autres jouent. — Berthe en costume napolitain est assise sur le banc de pierre au premier plan, et entourée de groupes de femmes les unes ramassant le raisin cueilli, les autres font des bouquets et tressent des couronnes de fleurs.

Scène 1.

Berthe. Vignerons. Pêcheurs, etc.

Chœur (N°12)

Les Vignerons.

O vigne odorante,
Ta douce liqueur,
Suave, enivrante,
Fait croire au bonheur
Les flots de ta sève
Et ton frais vermeil,
Colorent le rêve,
Charment le sommeil.

Les Pêcheurs.

L'onde menaçante,
Double notre ardeur;
Car rien n'épouvante
Le hardi pêcheur!
Quand l'aube se lève,
Quand fuit le soleil,
Le rêve, sur la grève,
Est riche au réveil

Les jeunes filles.

La fleur rayonnante,
Foyer de candeur,
Messagère aimante,
Fait parler au cœur.

Dans l'âme elle élève

L'espoir pour conseil,

Embaume le rêve,

Charme le réveil!

(Pendant ce Chœur, Charlotte paraît au balcon de la galerie du Château; elle est vêtue de blanc et porte un long voile. Elle écoute ce chant et son regard se promène attentivement sur tout ce qui l'entoure.)

Scène 2.

Les mêmes. Charlotte.

Charlotte.

Récitatif et Air.

Dieu! que ma vie a de maux et d'orages!

Dernier j'ai tout bravé; même la mort!

Pour traverser tant d'écueils, de naufrages,

Ta main seule a pu m'amener au port!

O combien la nature est belle.

Partout j'étale sa grandeur!

L'azur des cieux s'étend sur elle,

Il en augmente la splendeur.

L'éternel soulèvera la pierre,

Qui déjà couvrait mon tombeau!

O mes yeux il rend la lumière,

A mon âme un essor nouveau;

Et cette terre hospitalière,

De son amour est le berceau!

(Pendant ce morceau, les pêcheurs ont abandonné leurs nacelles, les vignerons ont suspendu leurs travaux, et tout le monde, vient pêle-mêle se placer aux abords du Château.)

Chœur, (montrant Charlotte).

Ah! Sainte Claire

Est de retour !
Son disque éclaire
Ces heureux jours !
(L'un d'eux aux autres).
Pour la Madone,
Déposons tous
L'humble couronne
A ses genoux ;
En priant Dieu qu'elle nous reste,
Cette étoile ardente et céleste !
(Tout le monde se découvre et s'agenouille devant Charlotte,
qui pendant le Chœur suivant descend de la galerie et
vient se placer près de Berthe).

Chœur.

Reine d'amour
En ce séjour
Reçois notre prière !
Sente-t'il vrai
Par tes bienfaits
Allége la misère !
O Morphelus,
Cœur sein divin
Rends une tendre mère !
Brillant ses fleurs,
Nos yeux en pleurs
Regretteraient ta lumière !
(Des vignerons et des pêcheurs apportent du poisson et
des fruits au Château, de jeunes filles offrent des fleurs à Charlotte.)

Charlotte.

Roseau fragile aux vents abandonné,
Tes vœux, tes soins, vous m'avez tout donné !

Lorsque la mort vint me ravir mon père,
Ce coup cruel pour vous fût adouci!..
Vous secourir sera ma loi première...
C'est mon devoir; mon cœur le veut ainsi!

Chœur (N° 13)
Livrons-nous à la danse,
A nos jeux, à nos chants!
Du plaisir qui commence,
Écoutons les accents!
Parmi les fleurs écloses;
Hâtons-nous de puiser
Le doux parfum aux roses
Aux lèvres le baiser!

Danse.
(La danse est un moment interrompue par la cloche qui commande
la prière. — Tout le monde se met à genoux).

Prière.
O daigne auguste et sainte mère,
Vers tes enfants pencher ton front!
Éloigne de nous la misère,
Bannis l'erreur, bannis l'affront!
Nos vœux au Ciel s'envoleront
Sur les ailes de la prière.

Chœur (reprise)
Livrons-nous, etc.
(Après cette reprise le Chœur sort).

Scène 3.
Charlotte. Berthe.
(Scène en Duo N° 14)
Berthe.
Dans vos yeux brille le bonheur,

Sur rayon perdu pour mon cœur.

Charlotte, (lui serrant la main avec attendrissement)

Horreur où pour respire!
De mon fils, de ma foi,
Un enivrant être
S'empare malgré moi!
Oui, les couleurs de l'espérance
Ornent ma nouvelle existence!

Berthe.

Dieu me le comble à tous vos vœux!
D'un époux criminel, barbare,
La tombe à jamais vous sépare,
En brisant de terrestres nœuds
Tout favorise notre fuite...
Le rivage napolitain,
Contre la haine, la poursuite,
Nous offre un refuge certain!
Pourquoi de ce port tutélaire
Désirer l'abri protecteur?...

Charlotte, (avec mystère).

L'infâme en ce lieu solitaire,
Nous suit!... Et puis je vais t'ouvrir mon cœur!
En vain m'enchaîne le silence,
Nous saurez, tu dois le savoir:
De l'amour je sens la puissance,
En lui repose mon espoir!

Cavatine.

En le voir, par la mort frappée,
Tout était deuil autour de moi!
De pleurs ma tombe était trempée!
On fuyait ce séjour d'effroi!

On gémit! une voix résonne
Et dit, en implorant les Cieux:
« O mon ange adoré, pardonne
» l'amour que trahissaient mes yeux!
» Jusqu'à ton cœur mon cœur se donne,
» la mort surprendra mes aveux! »
Cet amour à la tombe veut survivre
Au loin, il nous ouvre son horizon!

(Elle rentre dans le Château)

Scène 4.

Berthe, (seule)

Berthe

Aimer, c'est respirer, c'est vivre!
Fleuri ô funeste illusion,
Quand à l'espoir qui nous enivre
Succède un cruel Abandon!

(à part).

Non, elle doit étouffer cette flamme!
Déjà son cœur n'a que trop à souffrir.

Herbert ne revient pas! on le réclame...
A Naples, qui donc peut le retenir!
(Elle regarde du côté du golfe et sort par la Droite)

Scène 5.

Alexis, (seul)

(Il entre par le fond à gauche. Il porte le costume noir des Chevaliers
de l'époque; il est enveloppé dans un large manteau, et a le feutre
rabattu sur les yeux. Il est sombre et pensif; parfois il jette un
regard inquiet derrière lui).

Alexis.

Je cherche en vain le repos sur la terre!...

Charlotte encore !!. ô délire !... ô terreur !..
A tes fureurs que reste-t-il à faire ?...
Ombre, va-t-en !.... Fuis-moi fléau vengeur !

Dans un fatal égarement du crime,
Foulant aux pieds la nature et ses loix,
J'ai, sans frémir, immolé la victime,
Qui sur mon cœur avait de nobles Droits !
Avec horreur j'erre de plage en plage...
Partout se montre un innocent visage...
Partout mon nom est maudit par ma voix !

.   .   .   .

.   .   .   .

Oh !.. que vois-je ?... Apparition funeste !....
Ce sont ses traits, et ses yeux expirants...
Pour conjurer la colère céleste ;
Fuyons !.. Bon Dieu, guide mes pas tremblants !
(Il traverse la montagne, et sort par la gauche).

Scène 6.

Victor. Alphonse. Un Chef de Mines.
(Ils entrent par la droite).

Le Chef des Mines

Sur ce sentier qui conduit au cratère,
Un étranger tantôt s'est dirigé !
Son air est sombre et son regard austère...
A revenir il ne tardera guère,
Car par mes gens il fut interrogé.

Victor

Bien ! Maintenant, prévenez l'escouade !
Dans ses rochers cachez-vous prudemment
Interdisez l'abord de cette rade,
Et paraissez au mot de ralliement !

Le Chef des Sbires.
Oui, Monseigneur !
(Il salue et sort par la droite).

Victor, (sur le devant de la scène)
Le Ciel te livre à ma vengeance !

Alphonse, (avec émotion).
Reviens à toi, modère ce transport...
Comment peux-tu, pour ton impatience
Répandre l'amertume sur ton sort !

Victor, (d'un air sombre).
Tu veux aussi découvrir ta compagne...
Pour la revoir, nous ferons tout braver !
Mais avant de parcourir l'Allemagne,
Ces assassins il faut les retrouver.
Tu vis pour Berthe, et le malheur m'accable !
Venger Charlotte est mon premier devoir.
Depuis deux mois je poursuis le coupable :
Nous triomphons, il tombe en mon pouvoir !

Charlotte, (dans la coulisse).
(Romance du 1er acte)
Les Cieux sont mornes,
L'azur sans bornes,
J'efface dans la nuit, etc.

(Victor demeure stupéfait ; il écoute, regarde de tous côtés, cherchant de quel côté cette voix peut sortir).

Victor.
Grand Dieu !... Son chant !... Sa voix si chère !...

(Victor prête de nouveau l'oreille ; il est en proie à une agitation fébrile. Tout-à-coup Charlotte paraît sur le perron. Victor s'élance vers elle en s'écriant : Charlotte ! — Charlotte en reconnaissant Victor éprouve une vive émotion, elle se soutient à peine, et saisit la

... main de Victor).

Scène 7.

Les mêmes, Charlotte.

Charlotte.

Ah! qu'ai-je vu!

Alphonse, (regardant Charlotte).

Puis-je en croire mes yeux

Charlotte, (revenant à elle).

Unis tous deux par un pieux mystère,
Enfin le Ciel daigne accomplir mes vœux!

(Victor se rapproche d'Alphonse et regarde Charlotte avec égarement).

Victor.

C'est elle!... Charlotte!... ô tendre image!...

Charlotte, (feignant ne pas reconnaître Victor).

Que voulez-vous?... Et pourquoi ce langage!
Claire est mon nom... Je ne vous connais pas!...

Victor, (tremblant).

Ailleurs déjà j'ai vu ce doux visage...
Ah! par pitié, ne me reniez pas!...

Charlotte, (de même)

C'est une erreur... Fuis mon humble retraite;
Expliquez-vous, quel sujet vous conduit?

Victor, (la regardant fixement).

L'ordre du Czar... un traître qu'on poursuit.
Contre les jours de son auguste père,
Un fils rebelle ourdit la trahison.
Mais son espoir fut un songe éphémère;
Et pour son crime il n'est point de pardon.

Charlotte, (à part, avec émotion).

Alexis!... Ciel!

Victor, (se rapprochant d'elle).

C'est bien vous, tout l'atteste...
Vous frémissez... Je vois briller vos pleurs!
Charlotte, (avec sévérité).
J'ai pris l'amour pour toutes les douleurs...
Si de mes traits le souvenir vous reste,
Oubliez-moi!... C'est un rêve funeste....
Victor, (paraissant deviner sa pensée)
Un rêve! hélas!... Source de mes malheurs.
(Alphonse qui pendant toute cette scène a promené ses regards
aux alentours, semble saisi d'une pensée subite, il traverse la
montagne en courant.)

Scène 8.

Les mêmes, excepté Alphonse.
Duo. (N° 16)
Victor.

Belle qu'un jour dans la vallée
Mon cœur détruit comme un trésor,
Je la revis triste, isolée;
Sur un trône de pourpre et d'or!
Ce pourpre n'étaient que mensonge,
Le deuil y succède aujourd'hui;
Car la mort a détruit le songe
Et ma brillante étoile a fui!
Charlotte.
Et moi, sous la verte charmille,
Sans nul souci du lendemain,
Je n'apercevais, jeune fille,
Que fraîches fleurs sur mon chemin!
Mais bientôt vint le jour d'épreuve...
Une couronne orna mon front,
Et mon pauvre âme devint veuve....

Rêve accosté que ton règne fut prompt !
Plaisir, bonheur, amour, rêve illusoire,
Vous n'avez plus d'empire sur mon cœur !
          Victor, (avec une profonde émotion).
Merci, mon Dieu ! Bien grande est ta victoire !
De mon passé j'ai perdu la mémoire....
D'un autre Ciel j'entrevois les splendeurs.
          Charlotte, (à part).
Adieu bonheur, joie éphémère,
     Âge de mes beaux jours !
Mon âme renonce à la terre ;
     Adieu donc pour toujours !...
          Victor, (de même).
Adieu bonheur, joie éphémère,
     Âge de mes beaux jours !
Mon âme renonce à la terre,
     Adieu donc pour toujours !...
(Charlotte se dirige vers le Château ; après avoir fait
quelques pas elle étend la main vers Victor en signe d'adieu,
lève les yeux au Ciel et rentre. — Victor est tombé à genoux avec
désespoir ; il se relève, veut suivre Charlotte, mais il reprime ce
mouvement en voyant revenir Alphonse).

Scène 9.
Les mêmes. Alphonse.
          Alphonse.
Partons... Viens.... Il s'avance !
          Victor, (avec une joie féroce)
— Le Çaroritz ;!.... Enfin !
(Il fait quelques pas vers la montagne. — A l'exclamation d'Alphonse
elle est restée sur le seuil du perron ; au mot de Çaroritz elle
s'incline et rentre dans le Château).

Scène 11.

Les mêmes. Puis le Chœur et Charlotte.

Victor.

Arrière!... Ici vous ne pouvez paraître!
Cet ordre il vous faut l'observer!

Alexis, (avec finesse).

Audacieux! Je me ferai connaître!
Malheur à qui veut me braver!

Victor, (mettant la main sur son épée)

J'ai le droit de parler en maître!

Alexis, (tirant son épée).

Ce soir ton sang va le laver!...

(Le Chœur entre et Charlotte se montre au balcon de la galerie).

(Final N° 18.)

Chœur.

Sur ce rivage,
L'aveugle rage,
Semble imposer sa loi!
Des cris d'alarmes,
Le bruit des armes,
Jettent partout l'effroi!

Victor, (avec dignité)

Alexis!.. Chanoritz, courbe la tête!...
La trahison a souillé ton honneur!
Au pied du trône un bras vengeur t'arrête,
Ton crime inspire et la haine et l'horreur!

Alexis, (avec une rage concentrée).

Prosterne-toi, car ta bouche blasphème!...
Que parles-tu de haute trahison?..
Si, triomphant, j'obtiens le diadème,
Le monde entier bénira mon blason!

Alphonse, (montrant Charlotte).

Songe au Danger... De la prudence!

Victor.

Mon cœur dirigera ma main!

(Victor et Alphonse vont s'asseoir sur le banc placé sous le
balcon, ils sont cachés par les figuiers et les saules. Pendant ce
temps une vapeur s'étend insensiblement sur le théâtre, ou s'y assombrit).

Scène 10.

Les mêmes. Alexis.

Alexis.

Que de malheurs sur moi le Ciel amasse...
Pourtant ce spectre affreux!.... J'abhorre... par grâce...
Ta vengeance me poursuit donc toujours!...
Tigre affamé qui déchire ta proie,
Contre mon cœur ta rage se déploie...
Où donc pourrai-je en paix finir mes jours?...
Le désespoir décourage mon âme.
Puissance de l'enfer, peux-tu trahir?...
Ailleurs peut-être un peuple me proclame!
Viens, apparais... Démon, fantôme ou femme;
Ce fer t'attend; je te ferai périr!

(Victor se montre; il tire son épée et vient s'élancer sur Alexis,
mais il est retenu par Alphonse).

La soif m'accable.... Ô terrible agonie!...
Mon sang bouillonne et ma tête se perd...
A moi, Suzanne! Eh bien!... Race endurcie
Vous gémirez sur ce que j'ai souffert!

(A ce moment Alexis s'avance vers le château; il a atteint l'escalier
et va monter, mais Victor et Alphonse lui barrent le passage.
Il fait nuit).

Charlotte.
Dieu tout-puissant, sauve celui que j'aime,
Quel ami, le plus cher de tes dons!..
Protège-le dans ce moment suprême:
Tes bontés, en lui nous les possédons.
        Victor.
Non, Charlotte, ce n'est pas un blasphème,...
Ton père a su vaincre ta trahison!..
Dieu sur son front maintient le diadème...
N'espère pas la faveur d'un pardon!...
        Chœur.
Contre le Roi ce souverain qu'on aime,
Anglish avait tramé la trahison!....
Dieu maintiendra sa majesté suprême:
Pour le coupable il n'est plus de pardon.
        Alphonse et Victor.
Jamais d'un pouvoir légitime,
On n'usurpe les droits!
Le peuple flétrira tout crime,
Par le glaive des lois!
        Alexis.
Ma cause est sainte et légitime.
Or trône j'ai des droits,
Et l'espérance qui m'anime,
En le sceptre des Rois.
        Charlotte.
Grand Dieu! d'un trône légitime,
Fais respecter les droits.
Que ta main arrête le crime,
Et le glaive des lois.
        Chœur.

Votre cœur médite le crime !...
Le Czar seul a des droits !...
Craignez un courroux légitime,
Et le glaive des lois !
Scène 12.
Les mêmes. Berthe. Herbert.
(Herbert porte une torche qui éclaire la scène).
Berthe, (son premier regard tombe sur Alphonse).
Qu'arrive-t-il ?..
Alphonse, (se précipitant vers elle).
Berthe chérie,...
Je te revois...
Alexis, (baissant son épée).
Est-il possible !...
Berthe, (avec effroi reconnaissant Alexis).
O Ciel !
Le Czarovitz !...
Alexis, (d'un air triomphant).
Oui, moi !... Digne ennemie,
Sur vous je vais épuiser la furie
Qu'irrite encore un souvenir cruel !
Berthe.
J'ai confiance en l'Éternel !
Alexis
Les diamants et l'or de la Princesse,
Malgré le deuil, ont ébloui vos yeux...
Et tout à tu de ta pauvre maîtresse
Viendre en secret tel joyaux précieux !
Alexis.
Ton regard me défie
Tu veux braver ma loi...

Redoute ma furie
Berthe, malheur à toi !

Alphonse.

O ma Berthe chérie,
Mon espoir et ma foi !
Brave sa calomnie
Mon cœur est avec toi !

Herbert.

Sa sanglante furie,
Est sans effet sur moi !
Toute crainte est bannie
Il tombe sous la loi !...

Berthe et Charlotte.

Toute crainte est bannie
Son cœur veille sur moi.
Partout est la patrie
Où je vivrai avec toi !

Victor.

O Charlotte chérie,
Ma croyance et ma foi,
Brave sa perfidie,
Mon cœur veille sur toi !

Chœur.

Comble de perfidie,
O mourant plein d'effroi,
Ta lâche calomnie,
Rejaillira sur toi !

(Après ce morceau Charlotte rentre dans le Château).

Scène 13.

Les mêmes. Un Chef de Sbires. Sbires.
Alexis.

Le guet par têtes !... Incident propice !...

(Au chef des Sbires)

De cette femme il faut vous emparer ...

Arrêtez-la aussi !... Elle fera leur complice !..

Le Chef des Sbires)

Pardon ! de vous je vais m'éloigner !

Alexis, (avec ironie).

Ne touchez pas à l'héritier du trône ...

Le fils du Czar est peut-être empereur !

. . . .

(Tous s'arrêtent et s'inclinent avec respect.)

Scène 14.

Les mêmes. Aurélius accompagné d'un Officier et de quatre soldats russes

Alexis.

Des Russes !... Le triomphe nous couronne,

Aurélius, apprends-moi mon bonheur !...

Annonce-moi ma nouvelle splendeur.

Aurélius

A' Monseigneur, votre cause est perdue !...

Alexis, (avec épouvante).

Non ... tu mens !...

Aurélius.

Le complot est découvert !

Des conjurés la troupe s'est vendue !...

Par le Sénat, la sentence est rendue !

Et un arrêt de mort à vos yeux est offert.

(Il lui montre le papier que l'officier russe tient à la main.)

Alexis, (avec un mélange de colère et de désespoir).

A la mort !... Moi ...

Berthe, (levant les mains au ciel).

Le Très-haut nous protège ...

Alexis, (à Berthe, avec ironie).
Réjouis-toi, de mes jours qu'on abrège

(Il saisit le bras de Berthe et la menace de son épée. —
A Alphonse et à Victor qui veulent la défendre).
N'avancez pas ! ou bien Berthe n'est plus.

(Herbon apercevant Charlotte éteint la torche qu'il
jette; il fait nuit).
O trahison ! prédestination confuse !...
(La lune éclaire faiblement la scène).
Charlotte, (du haut du balcon)
Lâche désarme une main sacrilège,
Du sein de Dieu, les traîtres sont exclus !
(Alexis regarde Charlotte, laisse s'échapper Berthe qui va
se réfugier près d'Alphonse, et demeure saisi d'effroi).
Alexis.
Nuit d'épouvante ! Encore cette image...
La mort répand sa lugubre clarté...
Tout prend la voix des sinistres présages,
Pour accabler un enfant révolté.
Charlotte, (d'une voix imposante)
Enfant insensé ! Dieu reprend ce qu'il donne !...
Incline-toi : son pouvoir est plus fort !
Quand de ton front tombera la couronne,
Pour la saisir ne tente aucun effort !...
Invoque Dieu afin qu'il te pardonne :
Ta fin est proche !... Alexis, c'est la mort !
Alexis, (avec douleur).
Pitié tu vois ma tristesse profonde...
J'avais l'espoir d'un heureux repentir

Ce seul lieu qui m'attachait au monde
L'arrêt de mort l'a fait s'évanouir !

. . . .

(Hors de lui).

Soit, je mourrais puisque ta loi l'exige !...

(Alexis se dégage brusquement de tous ceux qui l'entourent,
il regarde Charlotte avec ivresse, gravit le bloc de lave, et se
précipite dans le golfe. Tout le monde est saisi de surprise et
d'épouvante. Aussitôt que Charlotte a vu Alexis attenter à ses jours,
elle chancelle et rentre dans le château. Herbert y entre aussi.)

Scène 15 ème et dernière.

Les mêmes excepté Alexis.

Amélina,

Arrêtez !...

(Arrivé sur le bloc de lave, il tombe à genoux en apercevant
Alexis se débattant contre la mort et s'écrie :)

Amélina,

Ciel !... Ainsi qu'un Dieu vengeur
En souverain arbitre ici s'érige...
Le Czarowitz est mort !... Gloire au Seigneur !

Choeur. Alphonse. Victor etc.

Gloire à Dieu qui lui donne le courage
D'échapper à la honte par la mort !

(Charlotte visiblement émue s'avance soutenue par Herbert).

Victor. Alphonse. Amélina.

(Tous les trois font place à Charlotte en inclinant le genou
devant elle).

Et maintenant à l'abri de l'orage
A nos destins unissez votre sort !

(Charlotte embrasse Bertha, et tend la main à Victor, celui-ci
la porte à ses lèvres. L'aurore se lève. Le choeur forme des groupes

(autour de Charlotte. Herbert est monté sur le bloc et lui-il
donne le signal du départ et aussitôt un vaisseau entre dans
la rade, et une barque montée par des matelots s'avance
vers le bord).

Charlotte.

Retournons aux vallons qui m'ont vu naître,
Où mes amis espèrent mon retour.
Là le bonheur me sourira peut-être,
Ou mon bonheur sera dans votre amour!

(Pendant le Chœur final, Charlotte, Berthe, Victor,
Alphonse, Herbert et Aurélien se disposent à partir et
entrent dans la barque).

Chœur final.

O Sainte Claire,
Fille des Cieux,
Reçois nos adieux!
Notre prière
S'envole, les fleurs,
Tendres splendeurs,
Toute en phalanges,
A tes louanges,
Au Ciel en feu
Montent vers Dieu.
O Sainte Claire
Fille des Cieux,
Reçois nos adieux,
O Sainte Claire!

(Tout en accompagné Charlotte et ses compagnons jusqu'au bord du rivage puis ils reviennent, les uns se
... la montagne, les autres sur le bloc et lui en font des signes d'adieu, les femmes sont à genoux par deux côtés de la scène
... manière à laisser voir la barque qui lentement s'éloigne de la côte. — Tableau.

Fin du troisième et dernier acte.

Notes historiques.

L'auteur a mis l'action de la pièce en 1715 sous le règne de Pierre le Grand.

L'action principale repose sur le mariage du fils de Pierre le Grand.

C'est le 25 Octobre 1711 que Pierre le Grand maria son fils Alexis avec la Princesse de Wolfenbuttel, sœur de l'impératrice d'Allemagne, épouse de Charles VI, mariage qui fut depuis si funeste et qui coûta la vie aux deux époux.

Le Czarowitz était né d'un premier mariage de Pierre 1er avec Eudoxie Lapuchin. Alexis Petrowitz, né le 1er Février 1690 était dans sa vingtdeuxième année quand il se maria.

L'éducation d'Alexis fut confiée à des superstitieux qui lui gâtèrent l'esprit pour jamais. Ce fut en vain qu'on crut corriger ces premières impressions en lui donnant des précepteurs étrangers; cette qui a été même d'étrangers le révolta. Les livres ecclésiastiques furent ce qui le perdit. Alexis vint voir dans ces livres la réprobation de tout ce que faisais son père. Il y avait des prêtres à la tête des mécontents, et il se laissa gouverner par ces prêtres.

Ils lui persuadèrent que toute la nation avait les entreprises de Pierre-le-Grand en horreur; que les fréquentes maladies du Czar ne lui promettaient pas une longue vie; que son fils ne pouvait espérer de plaire à la nation qu'en marquant son aversion pour les nouveautés. Ces murmures et ces conseils ne formaient pas une faction ouverte, une conspiration, mais tout semblait y tendre et les esprits étaient échauffés.

Pierre-le-Grand tenta vainement tous les moyens de ramener son fils. Alexis se livra à toutes les débauches de la jeunesse, et à toute la grossièreté des anciennes mœurs qui lui étaient si chères. Ces dérèglements l'abrutirent. Sa femme méprisée, maltraitée, manquant du nécessaire, privée de toute consolation, languit dans le chagrin et mourut enfin de douleur en 1715 le 1er Novembre.

Quelques historiens assurent que cette mort ne fut qu'une

léthargie à laquelle l'épouse d'Alexis dût son salut.

A la suite de ses menées contre son père, Alexis feignit d'aller
se trouver à Copenhague, mais il prit le chemin de Vienne et alla
se mettre entre les mains de Charles VI, son beau frère, et se rendit
ensuite à Naples, qui appartenait alors à cet empereur, comptant
y demeurer jusqu'à la mort du Czar son père, Pierre le Grand.
C'est là que plus tard le Capitaine aux Gardes Romanzoff et le
Conseiller privé Tolstoï trouvèrent le Prince.

Sur ces entrefaites, les boïards, les Conseillers privés, sont
mandés dans le Château de Pierre 1er à Moscou, et devant le
Conseil assemblé on lut publiquement la déclaration du Czar
dans laquelle il reproche à son fils tout ce qui est détaillé ci dessus.

Dans son dernier interrogatoire Alexis mit par écrit l'aveu de
son crime. Un arrêt de mort fut prononcé contre lui le 5 Juillet,
établissant que les lois divines et ecclésiastiques, civiles et
militaires, condamnent à mort sans miséricorde, ceux dont les
attentats contre leur père et leur souverain sont manifestes.

Le Harz dont l'auteur fait mention dans plusieurs
pages de Santa Chiara est une contrée montagneuse
dans le royaume de Hanovre. Outre les nombreuses rivières
qui descendent du Harz, on distingue plusieurs sources dont la
plus remarquable est la Fontaine des Sorcières. Ce nom attaché
au spectre de Brocken indiquant le souvenir de quelques pratiques
superstitieuses des anciens peuples de ces contrées.

Dans le Kremlin à Moscou se passent les deux premiers
actes de Santa Chiara. C'est un polygone régulier. Dans
cette vaste enceinte se trouvent l'ancien Palais des Czars,
le Palais Impérial, le Palais angulaire, le Palais des
Menus-Plaisirs et autres encore. — Là se trouve aussi l'Arsenal
où l'on conserve le trésor qui se compose particulièrement des
joyaux de la couronne. Le Kremlin renferme trois Basiliques

l'Assomption sert à sacrer, à couronner, à marier les souverains
— l'Église de l'Archange-Michel qui sert de sépulture aux
Souverains — et l'église du Sauveur dans les bois.

Ces renseignements seront sans doute suffisants
mais ils ont paru indispensables pour faciliter le travail
de la mise en scène et en préciser l'exactitude.

Gustave Oppelt   Fin.

64

3841

www.ingramcontent.com/pod-product-compliance
Ingram Content Group UK Ltd.
Pitfield, Milton Keynes, MK11 3LW, UK
UKHW022138070726
13613UKWH00003B/1373